MENTAL HEALTH
GUIDE MANUAL FOR FEMALE
WORKER IN WORKPLACES

工作场所女职工心理健康指导手册

俞文兰　孙承业◎主编

中国工人出版社

图书在版编目（CIP）数据

工作场所女职工心理健康指导手册 / 俞文兰，孙承业主编.
—北京：中国工人出版社，2020.4
ISBN 978-7-5008-7372-3

Ⅰ.①工… Ⅱ.①俞… ②孙… Ⅲ.①女性—职工—心理保健—手册 Ⅳ.①R395.6-62

中国版本图书馆CIP数据核字（2020）第051238号

工作场所女职工心理健康指导手册

出 版 人 王娇萍
责任编辑 李素素 时秀晶
责任印制 栾征宇
出版发行 中国工人出版社
地　　址 北京市东城区鼓楼外大街45号 邮编：100120
网　　址 http://www.wp-china.com
电　　话 （010）62005043（总编室）
（010）62005039（印制管理中心）
（010）62382916（职工教育分社）
发行热线 （010）62005996 （010）62005042（传真）
经　　销 各地书店
印　　刷 天津中印联印务有限公司
开　　本 787毫米×1092毫米 1/32
印　　张 3.375
字　　数 50千字
版　　次 2020年5月第1版 2025年2月第4次印刷
定　　价 20.00元

编写委员会

主　编　俞文兰　孙承业

副主编　季福玲　寇振霞　卫婷婷

编　委　邹建芳　张恒东　梅良英　李亚娟
　　　　邢再玲　李雪霏　李广益　李秀婷
　　　　黎海红　金　楠　宋微涛　王月云
　　　　周　鹏　应　基　王伊茗　王姿欢
　　　　叶　研　姜绪胜　阮艳君　白　金
　　　　孙道远　于常艳　齐士格　王志会

编　务　于常艳

致谢：本手册的编写与出版得到了中华全国总工会女职工委员会和中华预防医学会职业病专业委员会的大力支持，在此深表感谢！

主编简介

俞文兰 中国疾控中心职业卫生所妇女劳动卫生研究室主任、研究员。

兼任全国总工会女职工委员会副主任、中华预防医学会职业病专业委员会常委、中国心理卫生协会妇女健康与发展专业委员会委员、中华预防医学会科普专家委员会委员、中国老年保健协会老龄化社会支持专业委员会秘书长等。

孙承业 中国疾控中心职业卫生所副所长，研究员、博导。

第十二届全国政协委员（总工会界别）、国家突发事件卫生应急专家咨询委员会中毒处置组组长、WHO《国际卫生条例》化学品安全问题专家、中华预防医学会职业病专业委员会主任委员、中国老年保健协会老龄化社会支持专业委员会主任委员等。

前言

P R E F A C E

随着产业革命的发展，职工心理健康已成为影响劳动者工作效能的关键因素之一。心理健康是健康的灵魂，职工的心理健康不仅关系到自身的生活、工作和学习状态，关系到人际关系、职业发展及社会适应，还关系到用人单位的工作效率与可持续发展。女职工的心理健康尤其受到各方关注，劳资双方和社会各界都在力求促进女职工的心理健康。

职业压力是影响女职工心理健康的一个重要因素，女职工对职业压力更加敏感。职业活动中的社会心理因素作为应激源对女职工的生理与心理产生影响，并通过个体的认知产生健康效应。职业压力的干预要从组织和个体两个层面入手。在组织层面，用人单位要改善工作环境，改善管理制度，加强培训教育，提供社会支持和应对指导等；在个体层面，女职工要学会控制或回避应激源、改变认知评价、寻求社会支持等应对策略，必要时通过放松训练或药物治疗以减少压力相关心身疾病的发生发展。

在组织层面，良好的工作环境、工作条件和管理制度是用人单位保护劳动者身心健康和留住人才的法宝，也是提升用人单位品牌影响力的有力武器。用人单位应积极改善工作环境与条件，制定人性化的管理制度。对于孕产期女职工，用人单位应根据单位情况及个人的承受能力适当调整工作时间与强度，提供女职工休息室、哺乳室，有条件的可设立托儿机构，为女职工排忧解压，让女职工安心、快乐地集中精力去做好工作，提升女职工身心健康指数、工作满意度和幸福感。

在个体层面，积极乐观的心理状态不仅有助于激发与促进生理功能，提高自身免疫力，而且可以使自己在职场表现得更优秀，取得更好的发展。女职工应树立正确的价值观，增强责任心和自信心，培养意志力；以积极乐观的态度待人处事，正确认识与评价自我，正确对待工作和生活中的各种问题与困难；学会自我健康管理，养成良好的行为习惯和生活方式，克服不良情绪及其影响。

同时，有关部门和专业机构应积极广泛地普及心理健康知识、提升心理健康素养，这也是提高全民心理健康水平最根本、最经济、最有效的措施。心理健康素养是指员工对自身心理健康问题的识别和处理能力，高水平的心理健康素养有利于及早识别心理疾病，提升心理压力缓解能力、情绪管理控制能力，获取及时有效的支持和治疗，从而改善心理健康。

本手册包含六章：一是女职工常见的心理问题，二是女职工心理问题影响因素，三是压力应对的自我训练法，四是不良情绪的处理与调适方法，五是心理健康的自我识别及管理，六是特殊生理时期的心理健康及应激障碍管理。不仅包括女职工心理健康的知识与技巧，也提供实操练习，需要女职工主动参与，在实践中慢慢体会，逐步提升情绪掌控能力和韧性。同时，为了增加心理健康知识和服务的可及性，书中附加了一些心理健康科普和心理咨询服务在线平台的二维码供女职工、企业管理人员及相关人士参考，欢迎大家把实践中的体会与建议反馈给我们，帮助我们进一步改进与提升本手册的实用性。

编　者

2020 年 3 月 8 日

目录

C O N T E N T S

第一章

女职工常见的心理问题

一、女职工心理健康的现况

1. 女职工心理问题非常普遍

女职工面对工作与生活的双重压力，出现心理问题是普遍而且正常的现象。研究表明：超过 1/3 的女职工有心理问题倾向。但只要正确对待并及时处理，它可能会成为心理成长过程中的一次次磨砺，让心理逐渐成熟，从而提高自身的应对能力。但如果不及时处理，心理问题会越积越多、越积越严重，从而导致不良后果。

2. 女职工心理症状的表现

女职工心理症状主要包括强迫症状、躯体化、抑郁、焦虑、人际关系敏感、敌对、偏执、恐怖、精神病性。

- 强迫症状：表现为明知没有必要，但又无法摆脱的、无意义的思想、冲动、行为等。例如，“总是不停地洗手”“总是感觉有人要伤害我”“总是感觉爱人要背叛我”等不切实际的想法或行为。
- 躯体化：表现为主观的身体不适感，包括心血管、胃肠道、呼吸道等方面的不适和头痛、脊背疼痛、肌肉酸痛、失眠等症状。有的人为此不停地去看医生，却检查不出病症。
- 抑郁：表现为对生活的兴趣减退、缺乏愿望、丧失活动力等。例如，容易陷入忧郁、苦闷的心境，常常感觉百无聊赖，不愿意工作、不愿意与人交流、吃饭不香、失眠等。
- 焦虑：表现为无法静息、神经过敏、紧张以及由此产生的躯体征象。例如，坐立不安、手脚心出汗、心慌、手颤等。

◎人际关系敏感：表现为产生不自在感、自卑感等情绪，以及在人际交往中与他人相处不融洽。例如，看到同事窃窃私语就认为他们在算计自己，怕见陌生人等。

◎敌对：表现为思想、感情及行为上的敌对心理，包括厌烦、争论、摔物，甚至争斗、攻击行为、不可抑制的冲动爆发等多个方面。对同事或家人怀有敌意，总觉得别人处处为难自己。

◎偏执：表现为爱钻牛角尖，容易陷入某种思维而出不来。例如，投射性思维、敌视、猜疑、妄想、被动体验和夸大等。

◎恐怖：表现为产生害怕、恐惧等情绪，恐惧的对象通常为一般人不会觉得害怕的事物。例如，出门旅行、公共场合及交通工具、空旷场地、密集人群、封闭空间等。

◎精神病性：表现为产生幻想、思维播散、被控制感、思维被插入等精神分裂症状。有此种表现时应及时去医院精神病科检查治疗。

记录与问答

做一下自我评估，你有以下哪些心理症状（请在□中打√）：

强迫症状□　　躯体化□　　抑郁□

焦虑□　　人际关系敏感□

敌对□　　偏执□　　恐怖□

精神病性□

扫描二维码

测测你的心理健康状况

请记录你的评测结果：________________

阳性指标及严重程度：________________

二、女职工心理问题的职业差异和年龄差异

不同年龄和不同职业的女职工都可能在某一阶段出现心理问题，但表现有所差异。

1. 职业或行业差异

心理问题较为突出的职业或行业通常有以下共同特点：工作时间过长、工作压力过大、管理严苛、工作自主性差、工作中的情感付出多、付出与回报不对等等。

常见的职业有医生、护士、教师、金融师、公务员、石化行业员工等。女职工主要表现出来的心理症状为强迫症状、躯体化、抑郁和焦虑；刚入职的女职工除了强迫症状和焦虑外，还表现为恐惧。

2. 年龄差异

一般而言，25～40岁的青壮年女职工心理问题较为突出，情绪方面的问题也更加普遍。该年龄

段的女职工往往是工作单位的骨干力量，同时又处于养育子女的黄金时期，平衡工作与家庭的矛盾冲突往往会让她们感到力不从心、疲惫不堪。

45 ～ 60 岁的女职工面临的主要问题表现为较多的躯体化症状。例如，睡眠障碍、饮食不良、腰酸背疼、心烦意乱等。

记录与问答

1. 请写出你从事的行业（或职业）：________
2. 请写出你的年龄：________
3. 请写出你的工作年限（工龄）：________

第二章

女职工心理问题影响因素

一、职业相关因素

1. 工作场所面临的心理健康风险

研究显示，工作环境与工作条件、工作过程接触有毒有害因素可影响女职工的心理健康，接触有害因素者出现心理问题的危险性是不接触有害因素者的 1.2 倍。

职业性有害因素包括粉尘和有毒有害化学物；噪声、振动、电磁辐射、高温、低温等物理因素；病毒和细菌等致病微生物，寄生虫、动植物、昆虫及其所产生的生物活性物质；职业相关因素，如不良工作姿势、搬运重物等工效学因素，倒班、加

班、人际关系复杂等社会心理因素。

工作场所有害因素种类繁多，可能直接存在于工作场所，也可能在工作过程中产生，它们可能对劳动者产生健康损害，导致职业病、职业相关疾病、职业伤害等。

记录与问答

1. 你觉得你的工作环境是否安全？

是☐　　否☐

2. 你在工作环境中会接触哪些有害因素：

粉尘☐　　搬运重物☐

有毒有害化学物☐：________________

物理因素☐：________________

生物感染因素☐：________________

不良工作姿势☐　　倒班☐

加班☐　　人际关系复杂☐

3. 你认为哪些方面需要改进：________

____

____

2. 职业压力及其健康影响

（1）职业压力的健康影响

职业压力又称为职业应激，心理应激与体力劳动一样会让肌肉纤维处于兴奋状态，心理应激通常更持久、更难以摆脱。长期暴露在低体力（比如坐办公室）、高社会心理因素（比如人际关系紧张）的情况下，也会导致代谢紊乱、肌肉纤维受损，代谢产物和痛觉物质累积，从而产生慢性疼痛。

几乎每个人都会面临压力，从某种意义上来说“没有压力就没有动力”，我们应当正视压力，适当的压力可以激发生命活力、提高工作效率。

高工作压力、高工作要求和低自主权会增加冠心病的风险，是心身疾病的重要影响因素。长期处于压力过大的状态还可引起植物神经功能紊乱，影响内分泌调节功能，导致脂肪代谢障碍，表现为体重过重或过轻、月经紊乱、抵抗力下降等躯体症状，以及情绪不稳定、烦躁易怒、对生活和工作失去信心等精神和行为方面的问题。

但同样的压力环境下，有些人出现严重的生理和心理问题，而有些人则不会出现问题。压力是否致病关键要看个体的抗压能力和压力应对资源（压力应对资源通常包括：健康和充满能量、积极的信念、良好的问题解决能力、丰富的物质资源、有社交技能并能获得更多的社会支持等）。

工作动机不良、消极应对、孤僻内向型性格特质的员工比外向型性格特质、有较多的社会支持、工作动机积极正向、积极应对的员工更容易发生严重的心身疾病。

记录与问答

1. 请评估你的抗压能力：

强□　中等□　弱□

2. 你近三个月内的情绪变化：

稳定□　稍有波动□

持续两周以上低落或动荡不安□

3. 你近三个月的体重变化：

稳定□　明显增重□　明显减轻□

4. 你近三个月的月经情况：

正常□　　基本正常□　　不正常□

5. 你近三个月内是否患过感冒？

经常□　　偶尔□　　很少□

（2）女职工职业压力的来源

在工作层面上，职业压力主要来源于以下三个方面：

一是工作因素，如工作强度、工作负荷、工作持续时间、不良环境因素（照明、噪声等）、接触有害因素、缺乏安全保障等。

二是人的因素，如工作动机、心理状态、性格特质、身体素质和健康状态（包括睡眠与休息的时长和质量）、心理负荷与不良心理状态、不善于沟通交流等。

三是人与环境互动因素（组织因素），如人际关系、工具设备与人的匹配程度（搬运重物、强迫工作体位等）、工作节奏与生物钟、工作状态与工作满意度、工作与家庭的矛盾冲突、工作自主性差、管理严苛、付出多而回报少（收入水平低、晋职晋级难、缺乏激励制度等）等是导致压力增高、心理健康问题突出的重要原因。

女职工除上班时间的工作之外还要承担大部分家务劳动，如照料孩子与老人等，大多数女职工每天的劳动时间超过男性同事，这也是女职工压力的一个重要来源。

记录与问答

1. 你每周的工作时间：______________________

2. 你每周的家务劳动时间：__________________

3. 你认为单位的管理是否严苛：

是□　　　　　一般□　　　　　否□

4. 你的工作自主性是否强：

是□　　　　　一般□　　　　　否□

5. 你的付出是否得到了应有的回报：

是□　　　　　一般□　　　　　否□

6. 你对哪些工作回报不满意：

工资收入□　　　　晋职晋升□

激励制度□　　　　荣誉感□

福利制度□　　　　其他□

扫描二维码
测测你是否存在职业倦怠

扫描二维码
测测你是否存在工作压力

3. 职业疲劳及慢性疲劳综合征

疲劳是由于长时间持续处在紧张状态导致机体的体力下降、生理和心理功能失调，出现以倦怠为特征的机体反应。疲劳可通过适当的休息得到恢复，但持续疲劳则可导致难以恢复的过劳状态而增大健康风险，如慢性疲劳综合征（CFS），甚至过劳死。

疲劳的影响因素除了身体疾病因素外，主要是由于长时间处于应激状态，得不到及时休息，比如工作时间过长、工作负荷过重、睡眠时间过少等。

疲劳可分为生理疲劳和心理疲劳。

- 生理疲劳是由于持续劳动而出现的生理机能下降，可表现为全身疲劳和身体某个部位的局部疲劳，如眼疲劳、手臂酸痛等。
- 心理疲劳是由于工作中的社会心理因素持续作用，使得作业能力下降，并主观体验到劳累感、厌倦感的现象，表现为睡眠质量下降、情绪低落、精神萎靡、注意力不集中、工作中容易出差错等。

慢性疲劳综合征是指以慢性或反复发作的疲劳

为主要表现，常伴有头痛、咽喉痛、淋巴结肿大和压痛、关节肌肉酸痛或僵硬、短期记忆力减退或者注意力不集中、睡眠障碍、体力或脑力劳动后连续24小时身体不适，但无其他慢性器质性疾病及精神疾病的一组复杂的功能紊乱症候群。

慢性疲劳综合征可出现免疫、内分泌、代谢及神经精神的功能异常，容易罹患感染性疾病、肥胖、倦怠、抑郁和肌肉疼痛等问题；并且由于以上症状持续或反复发作，可严重影响正常的工作、学习、生活和社会交往。

记录与问答

1. 你是否感到身心疲惫：

是□　　　偶尔□　　　否□

2. 你自觉是否患有慢性疲劳综合征：

是□　　　偶尔□　　　否□

3. 慢性疲劳是否影响到你的工作和生活：

是□　　　偶尔□　　　否□

扫描二维码
测测你是否处于疲劳状态

结果是：轻□　中□　重□

结果是：生理疲劳□　心理疲劳□

二、非职业相关因素

1. 遗传与生理因素

（1）心理健康与生理健康是一种动态的、双向的、连续的、非同步的关系。生理健康是心理健康的基础，绝大多数患有躯体疾病的人都有不同程度的心理问题。疾病带来的痛苦、对疾病预后（结局）和治疗风险的恐惧、药物产生的副作用都可以带来焦虑、紧张、恐惧等不同程度的情绪和心理反应。

生理疾病与心理疾病都可能受到遗传因素的影响，有些精神疾病主要取决于遗传因素，也有些主要取决于后天因素。

生殖健康问题可影响到心理健康，患有妇科疾病的女性出现心理问题的危险性为无妇科疾病者的1.85倍，月经紊乱者的危险性为正常者的2.2倍，有流产史者的危险性为无流产史者的1.1倍。

记录与问答

1. 你是否有心理疾病的家族史：

是☐　　　　否☐

2. 你是否患有某种生理疾病：

是☐　　　　否☐

3. 你患有哪种疾病及其严重程度：

____

4. 请选出你的用药史：

精神调节类药物☐　　免疫调节药物☐

抗肿瘤药物☐　　心脑血管疾病药物☐

胃肠疾病药物☐　　抗过敏药物☐

（2）特殊生理阶段的心理问题：孕期、哺乳期、更年期是女职工生理与心理脆弱时期，容易因生理原因引发心理问题。

- 孕期：怀孕能够带给女性巨大欢乐，同时也可能让女性产生焦虑、伤心、紧张、恐惧情绪，或感觉无法控制自己的生活，担心胎儿的健康，担心为人父母需要承担额外的支出和责任。另外，怀孕期间会发生很多变化——饮食习惯的改变、体重和体型的改变等也可能影响情绪与心理状态。

- 产后：在生产后的第一年，有 60% ～ 80% 的产妇有过产后抑郁，大约 1/10 的产妇可能经历严重的产后抑郁。

- 围绝经期（更年期）：女性一般在 47 岁前后会进入一个特殊的时期，伴随着体内雌激素水平的激剧变化可产生情绪的波动。更年期是每个女人都要经历的过程，常表现为不同程度的潮热出汗、抑郁、多疑、焦虑不安、容易激动、睡眠障碍、关节肌肉酸痛、疲乏、皮肤蚁走感等，更年期的心理状态主要取决于女性的身体状况、个性特质、修养和环境等多方面的因素。

记录与问答

1. 你是否处于特殊生理时期：

是□　　　否□

2. 你处于哪个时期：

孕期□　　　哺乳期□　　　更年期□

2. 家庭及其他因素

夫妻关系不和、子女教育出现问题、父母衰老或家庭成员患有严重疾病、面临退休或失业风险等家庭与个体因素也会影响到女职工的心理健康。

另外，过胖或过瘦都不利于女性身心健康。

脂肪作为人体主要的储存能量物质，在女性生育阶段起着重要的作用，过度减重会导致卵巢功能减退、雌激素分泌减少、月经紊乱，甚至闭经或不孕；同时可导致营养不良、情绪低落，严重的可引发身体和心理疾病。

记录与问答

1. 你的夫妻关系是否良好：

好□ 一般□ 差□

2. 你的子女教育是否存在问题：

是□ 可能□ 否□

3. 你是否有家庭成员患有疾病、需要照顾：

是□ 否□

4. 你是否面临退休或失业风险：

是□　　　　可能□　　　　否□

3. 社区及生活环境因素

空气污染会诱发呼吸道疾病，增加慢性肺病、支气管炎、哮喘等疾病的发病率，增加人们的焦虑或抑郁情绪。同时，对空气质量恶化及其健康影响的担忧与焦虑、户外活动的减少，也会对心理健康带来不同程度的影响。

社会文化背景、社会风气和生活环境等对心理健康也会产生不同程度的影响，例如，风俗习惯、道德观等影响着人们的世界观、价值观、信仰、动机、需要、兴趣和态度等心理品质。其中有些是健康的，有些是不健康的。

社区环境和社区文化也会影响社区居民的心理健康，例如，街道、小区、村庄等，拥挤、嘈杂的环境容易使人产生焦虑、不安，人际关系不良，生活在其中的人也比较容易产生心理紧张和心理问题。

记录与问答

1. 你对自己的生活环境空气质量是否满意：

是□　　一般□　　否□

2. 你对自己所处的人文环境是否满意：

是□　　一般□　　否□

3. 如果不满意，有哪些你不习惯的不良行为或风俗习惯：________________________________

____

____

4. 你有什么改进建议：________________

____

____

____

4. 遭遇突发性事件

突发性事件可能带来的心理应激障碍，与女职工心身疾病密切相关。

突发性事件无论是负向的还是正向的，都可能使人产生强烈的应激反应，影响心理健康，只是负向事件的影响可能更大一些。遭遇负向事件的危险性是未遭遇的 2.8 倍，遭遇正向突发事件的危险性是未遭遇的 1.8 倍。

负向事件主要有失恋、重病、离婚、分居、人际关系紧张、经济困难、突发的环境污染、中毒、传染病疫情等。

正向事件主要有结婚、子女升学、恋爱、怀孕、升职、转岗等。

持续的、剧烈的应激创伤可引发严重的心身疾病。例如，慢性疲劳、失眠、头痛、肌肉酸痛、胃及十二指肠溃疡、皮肤过敏、大量脱发、咳嗽、内分泌失调、慢性咽炎、口腔溃疡、慢性头痛、乏力等。

长时间的创伤性应激障碍可影响工作效率，降低社会功能，严重影响生理和心理健康。创伤性应激障碍“指向内”表现为情绪低落、习得性无助、回避、烦躁、失去自信心等自我否定情绪，“指向外”表现为激惹性增高、易怒、吵架、侵犯他人等精神症状与攻击行为。

心身疾病的发生率与突发性事件的严重程度、复杂程度、危险程度存在相关性，突发事件越严重，经历创伤人员的心身疾病发生率往往越高，病情可能越严重。

在应对突发事件过程中，不同人的表现不尽相同，大致可以分为三类。第一类人喜欢稳定的环

境、对变化很敏感、害怕不确定性，这类人更容易受到伤害，最容易发生创伤后应激障碍（PTSD）；第二类人不太关注外界变化，喜欢低头做自己的事情，只要事件不直接影响到自己，不太会出现应激障碍；第三类人勇于挑战自己，接受不确定性，把任何突如其来的变化都当成自己的经历，可以在挫折中成长。

记录与问答

1. 请记录近半年内你是否遭遇突发性事件：

是□　　　　　　否□

2. 请问是什么样的事件：

突发性生活事件□　突发性公共事件□

3. 请问事件类型是什么？

正向□　　　　　　负向□

4. 请分析你是哪一种类型的人：

害怕变化与不确定性□

外界的变化动荡对自己影响不大□

勇于挑战自己，在挫折中成长□

第三章

压力应对的自我训练法

一、找到适合自己的压力应对方法

- 把感到难以应对压力的事情先放一放，换一种方式去做事，或者先找一些其他事情去做，在做其他事情的过程中可能触类旁通产生更好的思路。
- 树立信仰，积极主动地去投入工作。
- 培养多种兴趣爱好。
- 每天做自己喜欢的活动和运动。
- 建立良好的友谊和家庭关系。
- 从同事、社区或者朋友那里寻求支持与帮助。
- 找到减小压力的生活方式与工作状态，花些时间放松自己。
- 调整饮食结构，例如，多吃水果、蔬菜、全谷类食物和坚果。
- 换位思考，在处理工作和家庭事务时，尽量顾及他人，保持平衡并掌控局面。
- 必要时寻求心理健康帮助。

二、渐进性肌肉放松练习

渐进性肌肉放松练习步骤示例：

（1）你需要一间不受干扰的、安静的房间。

（2）斜靠在房间内一张舒适的椅子上。

（3）你可以脱掉鞋，调暗灯光，闭上眼睛来获得更多的舒适感和放松感。

（4）接着深深吸气，缓慢呼气，重复这样的深度呼吸过程，直到你感觉到身体越来越放松。

（5）选择一组肌群（如左手的肌肉），缓慢地收缩这部分肌肉。

（6）从你的左手开始，手指向内侧用力攥紧，持续这一状态约 10 秒钟，缓慢将手张开，将精力集中于这一放松过程，想象压力随着这一过程逐渐释放。

（7）左手放松后，重复这一步骤，对右手进行放松。同时保持左手的放松状态，在双手都得到放松后。将这一紧张、放松步骤用在身体其他肌群上，包括手臂、肩膀、颈、嘴、舌、额头、双眼、脚趾、双脚、小腿、大腿、背部和腹部。

（8）在上述部位的放松结束后再次进行深呼吸，直到你彻底感到放松。

在进行放松训练时，集中精力于压力放松时的愉悦感和内部的喜悦感，并且不要有与压力或疼痛有关的杂念。通过多次反复训练，学会在较短时间内将身体调整到深度放松状态。

三、深度放松练习

深度放松练习步骤示例：

（1）请将枕头调整到一个比较舒服的状态，躺下，使你的头部和身躯在同一水平。

（2）闭上双眼，四肢自然展开，双手放在身旁。

（3）现在，感受你的呼吸。吸气……呼气……

（4）随着呼吸，感觉整个身体都贴在地上或床上，从头部、背部、双手、臀部到双脚，随着每次呼气，感觉身体越来越往下沉。

（5）在这个时候，请你放下所有的紧张和担忧，放下一切，进入放松状态。

（注：时间至少持续15分钟。）

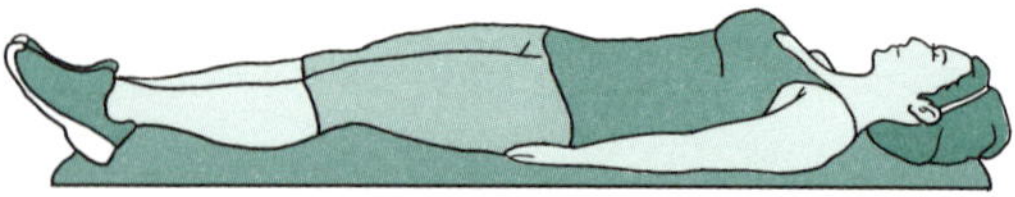

四、正念练习

正念练习是慈悲冥想练习的基础，基本原理是将练习者的注意力从外界转移到自身，意识到自己当下的存在，达到锻炼身体和放松身心的目的。正念体操是正念练习的一种方式。

正念体操练习步骤示例：

（1）双臂缓缓上抬，前举至水平位置，保持一段时间，直到双臂有酸胀感。

（2）双臂缓缓上举，保持一段时间，直到双臂有酸胀感。

（3）脚尖点地，脚跟画圈，缓缓活动脚踝（左右脚分别活动几次）。

（4）缓缓弯腰，上身分别作顺时针和逆时针的旋转。

风和正念训练课程

正念本质上是一个以接纳的态度来处理即时信息的心理动作——觉察。

有规律地练习这一心理动作，有促进疾病康复、提高学习能力和情绪能力、改善进食、睡眠和生活作息等多方面的积极效果。

目前有多种形式的正念培训课程，可根据自己的实际情况选择适合自己的课程，然后按照正念训练师的指导，边练边学，深入体会。如压力管理、亲子教育、睡眠促进、疼痛控制等。

一般从训练注意力的集中和转移开始，通过多种正念练习培育觉察，并逐步深入，一层层提高深化体验，最终使身心康泰得以促进、心灵洞察得以深邃、真实自我得以呈现。

五、冥想练习

冥想练习步骤示例：

（1）请想象你正在遭受某种痛苦。例如，遭受病痛、与家人发生了不快、经济困窘等。

（2）感受一下你自己的内心：是难过的，急迫的，还是悲伤的？

（3）想象你体内有一种巨大的能量，这种能量能够帮助你从痛苦中解脱。

（4）关注你的呼吸，在吸气时，你正在蓄积这种能量；在呼气时，你将这种能量发射到自己身体

的各个部位，使你摆脱痛苦。

（5）在发射能量的时候，默默地在心里对自己说：愿我从痛苦中解脱，愿我获得幸福和快乐。默念 4 ～ 5 次。

（6）现在再感受一下你的内心，帮助自己从痛苦中解脱后，有一种喜悦的感受吗？是温暖的，平和的，还是快乐的？

（7）现在，请慢慢睁开你的眼睛。

（注：对于正在经历创伤后应激障碍的个体，可以按正念体操练习、深度放松练习、冥想练习的顺序做系统练习。）

第四章

不良情绪的处理与调适方法

一、认识情绪

情绪来自人们对环境中即时的、好的或不好的信息的心理反应，它依赖于短时的或持续的评价。

情绪包括以下三个方面：

- 情绪会带来身体的变化，这些变化是情绪的表达形式。
- 情绪涉及有意识的体验。
- 情绪涉及个人对外界事物的评价，包含了个人认知的成分。

低自尊是女性觉得自己不幸福、自我价值感低、情绪不良的主要原因。西方有句格言："别人是以你看待自己的方式看待你。"一个自卑的人，感受到的都是歧视的眼光，因为有自卑的情绪，女性会习惯性地把小错误无限放大，甚至觉得自己会被别人认定为失败的、没有价值的人。

当产生不良情绪时，不能一味隐忍、蓄积，这样不利于事情的解决，反而更容易在事业上受阻；不良情绪也不能随意发泄，这样可能会导致严重的后果，比如失去别人的信任与尊重。正确的方法是学会巧妙而恰如其分地释放情绪。

（切记：释放情绪一定要适度！适度释放情绪有助于抵抗抑郁、推动事业成功。调适不良情绪的方法有很多，只有有效的、适合自己的才是最好的方法。）

二、情绪表露与情绪表达

研究表明，经常进行情绪宣泄的个体的健康状况更好，免疫功能更强大。情绪宣泄可以降低哮喘、关节炎、癌症和心脏病等疾病的发病率，减轻症状和痛苦反应，还可以带来心理和行为的改变，表现得更加优异。

1. 情绪表露

情绪表露指的是将强烈的情绪通过笔述或口述宣泄出来。

笔述是一种简单、安全的自我反省过程。每周把生活事件用笔述的方式表露情绪 3 ～ 4 次，每次 15 ～ 20 分钟。

朗诵是另一种自己与自己对话的情绪表露方式。你可以声情并茂地朗诵一些美文，每天朗诵 5 ～ 10 分钟，可录成音频或视频，持续一段时间后，你会发现自己不仅有一个安全的倾诉和宣泄窗口，同时表达能力也得到了提高，在日后的社会交往中更有自信心。

2. 情绪表达

情绪表达指的是个体经历某种情绪时，外向性的表达乃至宣泄方式，例如，哭、笑、怒骂、大声喊叫、摔打器物等简单而直接的方法。这种情绪宣泄通常是不健康的，甚至可能导致形象的崩塌，增加额外的压力。

记录与问答

1. 请你冷静思考一下，你愿意选择哪种宣泄方式：

情绪表露□　　　　情绪表达□

2. 如果选择情绪表露，请你准备好笔回答下面的问题：

A. 近期让你感到压力大的事件是什么：

____

B. 你认为这个压力事件产生的原因是什么：

____

C. 这个事件可能带来的坏结果有哪些：

____

D. 任何事情有坏的一面也必定有好的一面，你想一想这个事件是否可能带来一些好的结果？是什么？____________________

E. 把你可以想到的对策都列出来，并排出优先顺序：______________________

F. 付诸尝试，并写下体验：

____

3. 如果选择情绪表达，你会怎么做：

找个没人的地方大哭一场□

找同事或家人吵一架□

见什么砸什么，砸到痛快为止□

发一通火，逮谁骂谁□

（切记：情绪表达要慎重！只有在你觉得不会对他人、对自己造成更大的伤害，不会导致一发不可收拾的后果的情况下，才可以去尝试。）

三、放弃自我对抗的松绑法

被压力压垮的一个重要原因是自我对抗，因长时间处于应激状态得不到放松，从应激到疲劳、崩塌，发生慢性疲劳综合征甚至“过劳死”。最好的办法是放弃自我对抗，及时得到放松和休息。

（1）每天发呆5分钟以上，允许自己多一些情绪体验。

人在高压的状态下，无法进行有效放松，发呆是很有效的调节方法。发呆可以降低焦虑和抑郁的风险。发呆时，大脑中阿尔法脑电波得到加强，从而起到缓解疲劳、深度放松的作用。

发呆前，要和自己和平相处，接纳自己的感受或情绪，无论好与坏。

（2）让情绪流动起来，不加批判。

可以不加批判地把情绪写下来，例如：

我很焦虑，因为……

我很绝望，因为……

我很自责，因为……

当你把具体的情绪表达出来，让它流动起来，就如同舒了一口长长的气。当你看到自己的痛苦所在，并且停止自我消耗，你的能量会重新慢慢积攒以便有足够的力量去面对它。

（3）调整自己专注的方向。

当你的情绪流动、专注点转移之后，开始新的思考与力量，你会发现自己的视角会变得开阔，无力感也会削弱。然后去调整自己的方向，思考哪些是应该做的事情，应该如何去做，如果不成功会怎么样，能否掌控结局，需要怎样调整。

四、抑郁情绪的自我调适

内向型性格特质（EPQ-E）的人更容易发生抑郁，长时间克制和隐藏自己的情绪，无论愤怒、烦恼、喜悦或恐惧都不表现出来。

调适抑郁情绪主要从以下四个方面着手：

- 接纳自己的不完美。
- 主动寻求帮助和社会支持。
- 学会以适当的方式宣泄情绪。
- 多想想好事，每天记录 3 件好事。

另外，你还可以学习放松技巧；正确认识和对待自己的正面情绪和负面情绪；用语言、文字，也可以用表情或肢体动作来表达自己的情感，让自己的情绪得以流露出来；发展自己的兴趣爱好，学习一些生活技能或艺术爱好，如厨艺、唱歌、跳舞、绘画、书法等，让自己的生活丰富而有趣。

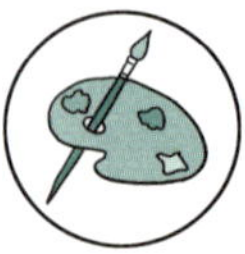

记录与问答

1. 请记录你可以获得的社会支持（在你遇到困境时谁会支持和帮助你）：

配偶□　　父母□　　朋友□

同事□　　领导□　　网络□

其他社会关系□

2. 请记录你愿意选择的发泄方式：

当场吵架□　　沟通交流□

向朋友倾诉□　　网络发帖□

运动□　　喝酒或猛吃东西□

通过看电影、电视、听音乐等方式转移注意力□

其他□：______________________________

3. 请记录你今天经历的 3 件好事：

第 1 件好事：______________________________

第 2 件好事：______________________________

第 3 件好事：______________________________

五、焦虑情绪的自我调适

1. 现实检验

识别自己正在为之焦虑的事件；识别焦虑背后自己的真实想法（自己所担心的事情）；寻找证据，检验自己的想法是否合理；思考符合现实的想法，找到应对措施。

2. 找到应对策略

清楚地认识问题；做能改变的事情；列出所有可能的解决办法；权衡各种解决方法的利弊；尝试某一种解决办法；观察这一办法的效果，如果坚持一段时间后效果仍然不好，尝试别的解决办法。

3. 学会放松

适当调整自己的工作状态，比如把困住自己的事情放一放，先做点别的事情；或者找个社会兼职，尝试换一个角度去思考问题；或者休一段时间的假；或者换个岗位、换个工作单位等，尽量以自己能够做到的方式去调整。

也可以尝试变换自己的生活状态，比如出去走走、找人交谈、听听音乐、适量运动、寻找自己的兴趣爱好等；正念体操练习、冥想练习等也是目前应用较广泛的减压放松办法，可以尝试。

4. 建立社会支持网络

保持与家庭成员、亲戚、朋友的沟通、交流、互动，培养亲密关系，有利于缓解紧张和焦虑。

记录与问答

1. 请记录你为之焦虑的事件：________________

____

____

2. 请记录你焦虑背后的真实想法：____________

____

____

3. 你认为自己的这些想法是否合理：

是□　　部分合理□　　否□

4. 你是否想要改变目前的工作状态：

是□　　偶尔□　　否□

5. 你是否有条件改变职业现状：

是□　　可能□　　否□

6. 你想选择哪种方式：

出去走走□　　找人交谈□

听听音乐□　　适量运动□

寻找自己的兴趣爱好□

冥想□　　养个宠物□

其他□

7. 请马上投入尝试，并写下你的体验：

____

____

六、极度怯场情绪的自我调适

每个女职工都会面临怯场的情景，明明做了精心的准备，上场时却手足无措，脑子一片空白，说话结结巴巴，甚至还出现胸闷、心慌、发抖、全身瘫软等情况。

一般情况下经过多次反复训练怯场情况可以得到改善，但有些人一到重要场合便会惊慌失措，尤其在面试、会议演讲等场合，越害怕失败越会陷入失败的情景，陷入一种难以自拔的情绪障碍。这种情况需要改变。

1. 分析怯场场景

回忆与分析让你惊慌失措的经历与场景，让你耿耿于怀的、无法释怀的某个人或某句话、某件事、某个问题等，分析原因，以便有针对性地去应对。

2. 自我训练

有意识地训练自己，事先准备好现场可能遇到的问题以及“陷阱”，让自己有备而来。当你做好充分准备的时候，可以有意识地去挑战这些场景。

如果害怕大会场景，可以先尝试在小会上练习，表现自如后再在大会上演讲，站在讲台上先深呼吸，稳定情绪，目光注视某一个地方，把注意力集中在工作内容(演讲内容）上。

如果害怕的是某一个人，分析害怕那个人的原因，并找一个自己不害怕的人先尝试，在有准备的情况下再去面对那个曾经害怕的人。

找一次成功的经验，回味并自我表扬，给自己积极的激励，或者找个自己欣赏的榜样，模仿他成功的样子，久而久之便成就了成功的自己。

七、脾气暴躁情绪的调适

脾气暴躁来自不合适的愤怒和怨恨等不良情绪的积攒，往往在某件事情的促发下引起大爆发，发泄到无辜的人身上。这种发泄是危险的，会导致人际关系的恶化和失去他人的信任。原因在于对事情缺乏正确的认识和掌控力，虽然对自己有很高的要求（或感受），却不能清楚地表达出来。

脾气暴躁多数与遗传因素和工作生活环境有关。A 型行为模式 + 胆汁质气质类型的人更容易表现为脾气暴躁，A 型行为模式的人以自我为中心、时间紧迫感强、争强好胜、易激动和缺乏耐心；胆汁质气质的人反应迅速、情绪激烈、冲动、外向，容易一触即发，喜欢与人争斗。

而缺乏良好的沟通是其根本原因。良好的沟通有利于解决问题，要清楚地说出自己的痛苦或者是愤怒，而不要去怪罪别人。面对突发性场景，不要反应过快过急，情急之下容易出口伤人，语言要比思维慢一步；极度生气时先深呼吸，让大脑理性思考，正确分析情况。

某些情景不需要急于去处理，先放空自己，让自己平静下来，有时候过急作为和过度作为的伤害性远远超过静观其变。

心理学家海穆·基诺特博士提出的XYZ沟通法则对于缓和脾气暴躁情绪、避免面对面的争执与冲突有良好的作用。

X、Y、Z三个数轴所代表的分别是事件、环境、感受。即：你在Y情境下做了X事件，我感觉到Z感受。比如“今天在场的人那么多，还有同事在”（Y），“你那么不留情面地骂我”（X），“我觉得很丢脸，很不爽”（Z）。清晰地表达出自己的感受、态度和事件，就不容易出现面对面的冲突。

八、过度敏感情绪的调适

神经质型性格特征（EPQ-N）的人更容易表现为多疑、敏感。反应过度，对于别人的说法太敏感，无论是批评还是表扬，都认为和自己关系很大；太在意别人的看法，缺乏独立人格、缺乏自信心、缺乏自我掌控力，容易因共情而被人牵着鼻子走。

女性更容易产生过度敏感情绪。研究表明，两性之间在思维方式与情绪处理上存在着明显的差异，女性的认知方式在获得个人知识、主观知识和听取直觉的内在声音方面具有更大的优势，但女性对待事物往往因共情而更加敏感，容易凭直觉做事。

调适方法有：

- 换一个角度看问题，避开人际关系中的影射现象，避免误会。

- 运用你的共情能力，站在他人的位置换位思考。

- 不要事事追求完美，承认自己有不足，认清自己的弱点，承认身边可能有脾气不相投、不怀好意的人，不要太在乎他。

- 坚持做自己的事情，不要轻易被他人打扰。

- 把你感到特别刺耳、敏感的语言、事情、场景列出来，加以分析脱敏，下次真实遇见时不被负面情绪所干扰。

- 不要过度追求完美、过度自我批评，放下内心的负罪感和悲观情绪。一旦出现多疑和敏感情绪时，就要告诉自己“事情不是自己想象的那样”“别人的想法与我无关，不会干扰我的心情”“是我想多了，暂停”。

扫描二维码
测测你的 AB 型行为类型

扫描二维码
测测你的气质类型

九、创伤性应激障碍的情绪再处理

● 与咨询师沟通自己的症状与创伤场景等信息。找一个适合自己的放松场景，选一种放松技巧，在咨询师的指导下学习身体扫描方法，直到熟练掌握。也可以尝试自己先做情绪再处理。

● 找出造成困境的一段特征场景，感受这个场景给自己带来的身体和情绪感受，确认这段场景的影响程度，并评估打分。

● 对创伤场景建立新的认知，让过去的记忆情绪逐渐消退。旧的记忆越来越模糊，情绪淡化消失，建立新的情绪感受，并认知、强化。

● 用新情绪扫描全身，从头到脚逐步扫描，并注意原来情绪的问题。如果发现新问题，同时给予处理。在处理完毕后，还要进行身体扫描，使情绪回复到平静、稳定状态。

第五章

心理健康的自我识别及管理

一、积极心理建设的8个要点

- 接纳：接受不能改变的现实，把注意力转向可以改变的方面，并制订行动计划。
- 社交：除家人以外至少交一个要好的朋友，每周至少参加一次社交活动。
- 感恩：每天留意或记录身边发生的3件好事，并思考这些事情发生的原因。
- 乐观：凡事一分为二，对坏的事情做出多种解释，多想想坏事可能带来的好的一面。
- 目标：制定一个工作或生活目标，投身去做一些有意义的事情。
- 优势：有机会利用自己的优势或发挥价值。
- 运动：每周至少3次、每次30分钟的躯体运动。
- 兴趣：有一项自己喜爱的、可以投入其中的兴趣爱好。

二、适应工作环境，提升工作能力

工作是给女性带来丰富的生活内容和社会交往的平台，也带来经济收入和社会地位。有条件的情况下，尽可能选择自己喜欢的、适合自己发展的职业。

但在现实中，工作机会对于女性来说往往是难得而珍贵的，女性可能没有机会选择工作岗位、也无法改变工作环境。这种情况下只有改变自己，以积极的心态主动去适应工作环境，多想想如何提升自己的职业技能，以及提升自己的心理素质和抗压能力，建立良好的工作关系、社会网络和社会支持，积极参与体育运动，培养良好的生活习惯与行为方式。

记录与问答

1. 你所在的单位是否为女职工提供了友好的工作环境和福利设施：

是□　　　　否□

2. 你所在单位是否具有和谐平等的工作氛围：

是□　　　　一般□　　　　否□

3. 你所在的单位是否为女职工提供了平等发展的机会：

是□　　　　一般□　　　　否□

4. 你所在的单位是否建立了人性化的管理制度：

是□　　　　一般□　　　　否□

5. 你是否接受过心理健康教育：

是□　　　　否□

6. 你是否愿意主动参加心理健康教育：

是□　　　　否□

7. 你希望通过什么方式得到培训：

网络在线培训□　　　　单位组织讲座□

面对面咨询□　　　　短视频□

宣传手册□　　　　海报或宣传栏□

三、建立社会支持环境

● 家庭和社会关系的支持非常重要。尽量让自己的各种选择得到家庭的支持，倾诉和兴趣爱好可以得到家人的聆听和鼓励，在关键时刻可以帮助自己。

● 其他社会关系。与自己信任的人谈论关注的事情，得到社会网络的支持，包括你的信仰领袖、

老师、同事、同学、朋友或者健康顾问等。

- 参与社区或俱乐部活动，摆脱自我封闭的环境，增进和其他人的接触、互动。参加社区活动如文化庆典、邻里互助、茶话会或者趣味运动等，还有各类兴趣爱好俱乐部，例如，图书俱乐部、车友俱乐部、桥牌俱乐部、社区舞蹈队等，或者参与一些社会组织活动，都是保持社会联系的良好方式。

- 体育锻炼有益于身体和情绪调节。可以找一些谈得来的同事或朋友一起行动，也可以加入运动团队，例如，健走伙伴、跑步团队、舞蹈小组、健身操、瑜伽课，只要坚持下来，或多或少可以改善身体和心理状况。

- 保持生活情趣，找到自己真正喜欢的、可以让自己放松和快乐的方式，例如，听音乐、手工制作、打太极、禅修、养宠物、阅读、聊天等。

四、饮食与运动干预

1. 饮食干预

改善膳食结构和饮食习惯，保持平衡膳食、均衡营养。长期缺乏某些维生素或微量元素也会影响心理健康，如B族维生素，钙、镁、锌等微量元素。所以要：

- 保证食物丰富多样化，不偏食。
- 多吃新鲜的蔬菜和水果。
- 增加杂粮及其制品的摄入，适量吃坚果类食物。
- 减少脂肪摄入，改善动物性食物的结构，多选用鱼类、禽类及适量瘦猪肉和牛羊肉，少吃动物油、肥肉及动物内脏。
- 限盐、限糖、增钾，少吃糕点、甜食等过度加工的食物，少吃腌制食物。

记录与问答

以下良好习惯你做到了哪几条（请在□里打√）：

食物多样化□　　多吃蔬菜水果□

限盐□　　少吃糕点、甜食□

控制脂肪摄入□　　其他良好的饮食习惯□

（切记：好习惯要强化、坚持，坏习惯要及时纠正，你可以做得更好！）

2. 运动干预

（1）运动有益于改善身体健康和心理健康。

- 规律而适度的运动能够减少患包括心脏病和脑卒中在内的心血管疾病的风险，改善血压和胆固醇水平，增加高密度脂蛋白。
- 运动能够降低患糖尿病和某些癌症的风险，其中包括结肠癌和乳腺癌。
- 中等强度的运动能够减缓骨矿物质的流失，预防更年期的骨质疏松。

◎ 运动能够改善抑郁情绪、减轻焦虑、减缓压力、提高认知功能。

如何更有效地运动：

◎ 心跳速率：最佳心率范围＝（220－年龄）×60%～（220－年龄）×80%，一开始运动时，让心跳保持在最大限度的60%，之后逐渐增加至最大限度的80%。

◎ 运动的频率：每个星期运动3次以上最佳，每天运动20～30分钟。将运动排入作息表中，以确保运动能够持续下去。

◎ 运动计划：改变懒惰习惯，建立一个开始中等强度运动的计划，例如，健步走、爬楼梯、游泳、骑自行车、慢跑、跳绳、打球等。

◎ 运动时间：可以将运动时间设定在工作后和晚餐前的空档，一方面可消除全天累积的压力；另一方面能够降低食欲，对保持身材有一定的好处。

◎ 运动方式：尽量不要拘泥于一种运动形式，可以选择徒步、跑步、跳舞、打球等各种形式的运动。除以上运动外，还可以做肌肉拉伸、筋膜放松、运动整合、抗阻训练等。

记录与问答

1. 你是否有切实可行的运动计划：

是□　　　　否□

2. 请选择你的主要运动方式：

健步走□　　跑步□　　拳击或格斗□

跳舞□　　打球□

肌肉拉伸运动□

抗阻训练□　其他□

（注意：运动贵在坚持、适度！）

（2）控制超重与肥胖，保持良好的形体。

超重与肥胖者常伴有多种健康问题，也会导致自卑、悲伤、失望等消极情绪。所以控制体重、保持良好的形体是女职工积极自信的一种表现，也是自我管理良好的一种表现。改变饮食习惯、增加体育运动是控制体重的重要手段，也有利于维持良好情绪和积极心态。

记录与问答

1. 你对自己的身材是否满意：

是□　　　　凑合□　　　　否□

2. 你是否有控制体重的计划：

是□　　　　否□

3. 你是否有信心找到控制体重的方法：

是□　　　　否□

五、需要求助的信号

心理出现问题时身体不会骗你，有些潜在的身体信息可以帮助自己判断是否出现了心理问题，是否需要寻求帮助。这些信号包括：

- 体重不明原因地过度增加或减少。
- 胃口不好或食量大增。
- 感到悲伤或爱哭，并且这种状态长时间没有改变（持续两周以上）。
- 无缘无故地感到内疚，例如，觉得自己什么都不好，或失去自信心。
- 对生活失去兴趣或者悲观，感觉好事不会再发生。
- 常常脾气很差，或者看起来淡漠。
- 对曾经喜爱的活动失去感觉，并且大多数时候想要独处。
- 无缘无故地去做一些危险的事情。
- 工作表现不再像以前那样主动积极。
- 变得优柔寡断，难以下定决心。

- 忘记很多事情，并且难以集中注意力。
- 常常为一点小事发狂，反应过度。
- 睡得过多或者入睡困难，或者常常凌晨很早醒来并且难以再入睡。
- 常常感到不安或疲劳。
- 想到了死亡或者感觉自己正走向死亡。
- 考虑过自杀。
- 感觉脑内鸣响（脑鸣）。

扫描二维码
测测你的焦虑和抑郁程度

资源链接：平台推荐

竹海心理咨询团队
（竹海客服）

可可心理咨询团队
（可可西里）

女人花心理传媒

精神卫生相关知识
（精神卫生 686）

第六章

特殊生理时期的心理健康及应激障碍管理

一、孕产期

对于女职工来说，大多数时候可以通过自身的努力来改善身心健康，但是在某些特殊生理时期或经历突发性事件的时候，由于巨大的生理变化和强烈的应激反应，靠自己摆脱困境非常困难。因此，当你感到脆弱的时候及时求助是最简单有效的方法，不必为求助感到羞耻，可以通过向企业工会、厂医和相关的管理人员及家人求助，争取他们的理解、支持和帮助。

如果你处在孕产期，需要了解“预防和治疗孕期或产后抑郁可以降低其子代早期发生抑郁症或者其他健康问题的风险”，并要主动改变不良心理状态，以保证胎儿的健康。

怀孕后要保持正常的工作、生活状态和心态，适当参与社会活动，与父母、丈夫和家人处理好关系，与朋友保持联络，分享自己的快乐与烦闷，接受亲人与朋友的支持、帮助和慰藉。

产后和哺乳期如感到抑郁、焦虑，或者不堪重负时，也不要过分压抑自己的情绪，不必独自承担这些感受，可以向父母、配偶和朋友倾诉，及时得到支持和帮助，必要时向专业人员寻求帮助。

扫描二维码
向中国心理卫生协会的专家
咨询问题
（孕孕而生）

二、围绝经期（更年期）

围绝经期（更年期）是每个女性必经的一个重要过渡时期，大多数女性会经历不良的生理和心理表现，例如，失眠、多梦、盗汗、潮热、烦躁易怒、精力下降、记忆力减退、骨质疏松等。有的表现明显，有的表现不太明显。

进入更年期后，大部分女职工可以凭借自己丰富的阅历、经验，让自己变得更加自信，懂得调整和掌控自己的生活，树立信仰，充实生活，陶冶性情，修养身心，达到和谐的状态。但有些更年期女性会出现严重的身体疾病和情绪失控状态，成为不受同事和家人欢迎的对象，因而严重影响到自己的生活和工作。

更年期女性要提高自身修养，尽量克制急躁、焦虑、抑郁、易激动等情绪，培养和保持积极、开朗、乐观的性格和心态，用理解、宽容和耐心对待不顺心的事情，保持心情舒畅及心理、精神上的平静状态。

保持生活规律，坚持力所能及的体力劳动和脑力劳动，增加日晒时间，摄入足量蛋白质和含钙食物，可以适量补充维生素和微量元素，睡眠不好时可辅助使用自主神经功能调节药物，如谷维素、安定、佐匹克隆等有助于调节自主神经功能、镇静安神，必要时可在专业人员指导下用激素替代治疗。

扫描二维码
向更年期专家周坚红团队
咨询问题
（花样年华 zj 周坚红）

扫描二维码
向白文佩医学团队咨询问题
（白文佩医学团队）

扫描二维码
测测你的围绝经期症状
（适合 40 岁以上女性测评）

三、日常应激事件管理

女职工在日常工作中经常会面临一些压力（应激）事件，如工作中发生了重大差错，或被领导或同事指责，或与上下级发生了矛盾，或者医患纠纷等。

（1）压力（应激）事件通常有以下特征。

- 事件的发生出人意料。
- 有一种无法控制的感觉。
- 产生异常的焦虑与紧张。
- 日常工作（饮食、睡眠等）受到影响或遭到破坏。
- 对未来感到不确定性。
- 紧张持续较长时间。

（2）学习这类压力事件的应对，帮助自己不被击垮。

遇到压力事件时，不管任何情况都要先做好两点：第一，不要在第一时间去争吵、去辩解；第二，分析事件可能潜在的风险，保护自己的安全。

以下是两种常见的情形：

第一种情况是自己确实犯了错，造成了不良影响，这种情况下要做的是：先让自己冷静下来，分析错误的原因、最坏的结果，找出补救措施；如果事情比较大，自己无法应对，可以让自己信任的老师或朋友一起来分析与想对策；诚恳地道歉以取得对方的谅解，及时止损，避免最坏的结果发生。

第二种情况是自己并没有过错，而是被人误解或者陷害，这时要控制自己的愤怒或失望情绪，避免冲动之下的语言与行为；告诉自己这不是真实的，不要因为他人的误解与诬陷摧毁自己的信心和勇气；对对方陈述的内容做出反应，尽可能去理解对方的委屈或诉求；在适当的条件下陈述你的理解与观点。

（3）动物世界也会面对压力，斑马的生存压力来自狮子等食肉动物的追逐，追逐过程中狮子和斑马的压力系统被激活到最大限度，因斑马跑得很快，狮子很快会放弃追逐而斑马也会停止奔跑，它们都会迅速恢复常态，返回到其他活动中去，不受先前追逐过程的影响，因此狮子和斑马不会出现胃溃疡等压力相关疾病。而人类在遇到类似威胁或创伤以后，很长时间不能放松自己，无法将负面情绪排解出去，会长期沉浸在痛苦的体验中，反反复复去回味和担心创伤性经历。应激系统长时间处于激活状态，因而产生胃溃疡等压力相关的疾病。

及时放松是减少压力（应激）事件带来负面影响和身心健康损害的最有效途径。

四、突发事件应激障碍管理

应激创伤可导致身体、情感、心理状态的改变，增加患心理疾病的风险。突发性事件带来的创伤性应激障碍以及心身疾病有的会立即显现，有的会在突发事件结束较长时间以后出现。

在突发事件发生时，人体会在短时间内出现急性应激反应状态，身体内在的潜力被充分调动来应对，往往不觉得疼痛，不觉得悲伤，无暇顾及自己的内心和情绪。当事件结束后，应激反应随着外在刺激消失而减弱，身体会感觉疲惫和虚弱，心理问题就会凸显，灾难中的悲惨场景会反复出现在脑海中挥之不去，难以控制的恐惧焦虑情绪和身体疾病也会表现出来，例如，失眠、心悸、饮食不良、胃溃疡、皮肤疾病、月经紊乱甚至闭经等，给生活带来巨大的烦恼。

2020 年初暴发的新型冠状病毒疫情，对感染者及其家人、医务人员及社会大众带来严重的应激反应，造成群体性的恐慌和焦虑。如果长时间处于心理应激中，不加以干预，可能会导致生理和心理疾病。

应对疫情带来的应激反应可以尝试：

（1）多关注正面新闻报道和相关专业知识，少听网络谣言和不准确的信息。

（2）增加与亲人和朋友的交流、沟通、互动，组织家庭活动，参与家务劳动。

（3）避免沉浸在自我中、过分关注自己；尝试着去关心与帮助他人，可参与一些力所能及的公益活动，以一己之力去帮助更需要帮助的人。

（4）阅读书籍，写读书笔记，或写日记记录每天的经历与心情等有助于缓解心理创伤的应激反应。

如果感到自己出现了心理问题，首先要正确认识并积极应对。如果情况不严重，可先尝试自我放松练习、正念练习、情绪表露等方法，如果经过以上尝试身心状况没有得到改善，应尽早找专业心理医生咨询或治疗。

（1）尽量找到一个你信任并且感到舒服的地方。比如工作单位里的职工之家、心理咨询室，他们更容易体恤你的情绪，给予适当的支持和帮助。

（2）如果你不愿意在本单位寻求心理帮助，可以尽量找女医生或者女性支持组织的心理健康专业人士，这样会感到心里踏实些。

（3）如果接受小组治疗，可加入和你有相同年龄、种族、信仰、文化背景的治疗小组，或者和你说同样语言的小组。

（4）心理咨询或治疗不是立竿见影的事情，需要坚持；如果坚持一段时间后还是没有好转，可以尝试其他医生、其他治疗方法或者其他地点。

结语

心理健康的表现是在绝大多数时候你有能力掌控生活、培育孩子、履行职责。

心理健康对任何人来说都很重要，只有维护好自己的心理健康，才有能力去照顾那些依赖自己的人，才能维护好自己和家人的幸福。

更多女性图书推荐

《消除工作场所性骚扰指导手册》

定价:20.00元

本书可帮助女职工了解用人单位的法律义务和自身权益，清楚识别性骚扰，采取积极措施应对性骚扰，并参与、促进、监督用人单位建立和执行消除工作场所性骚扰制度机制。

《女职工权益维护案例集》

定价:20.00元

本书对七个典型类别的案例进行分析，通过以案释法的形式向用人单位、工会及职工宣传普及女职工权益维护相关法律法规，促进用人单位增强守法意识、履行法律义务；引导女职工尊法学法懂法用法，依法维护自身合法权益和特殊利益。

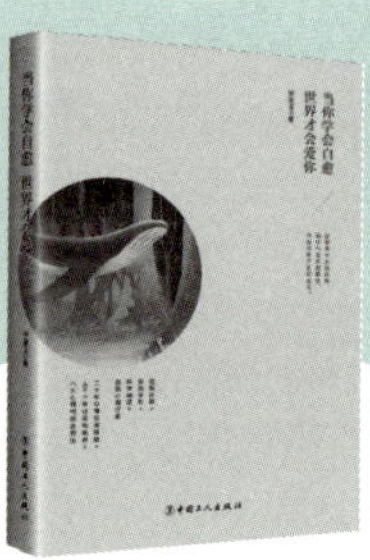

《当你学会自愈，世界才会爱你》

定价:39.00元

本书用通俗的语言讲述多个真实的心理咨询故事，阐释了现代工作生活中常见的八大心理问题，让读者在故事中找到共鸣，了解出现心理问题的原因，掌握简单易学的自我心理调适方法。